PROJET D'ÉDUCATION DU PEUPLE FRANÇAIS,

PRÉSENTÉ

A LA CONVENTION NATIONALE,

Au nom du comité d'Instruction publique,

PAR LAKANAL, DÉPUTÉ DE L'ARRIÈGE,

Le 26 juin 1793, l'an II de la République;

Imprimé par ordre de la Convention, qui en a ajourné la discussion à la séance de lundi prochain.

A PARIS,

DE L'IMPRIMERIE NATIONALE.

1793.

PROJET D'ÉDUCATION

DU PEUPLE FRANÇAIS,

Présenté a la Convention Nationale,

Au nom du comité d'Inftruction publique,

Par LAKANAL, Député de l'Arriège,

Le 26 juin 1793, l'an II de la République.

PROJET DE DÉCRET.

Pour l'établissement de l'instruction publique.

Inftitution des écoles nationales.

ARTICLE PREMIER.

Les écoles nationales ont pour objet de donner aux enfans de l'un & de l'autre sèxe, l'inftruction néceffaire à des citoyens français.

A 2

4

I I.

Il fera établi, fur le territoire de la république, une école par mille habitans.

I I I.

Dans les lieux où la population eft trop difperfée, il pourra y avoir un inftituteur-adjoint, placé fur la demande de l'adminiftration de diftrict, & d'après un décret de l'Affemblée nationale.

I V.

Dans les lieux où la population eft rapprochée, une feconde école n'eft établie que lorfque la population s'élève à deux mille individus, la troifième à trois mille habitans complets, & ainfi de fuite.

V.

Chaque école nationale eft divifée en deux fections, une pour les garçons, l'autre pour les filles.

En conféquence, il y a un inftituteur & une inftitutrice.

Bureaux d'infpection.

V I.

Il y a près de chaque adminiftration de diftrict un bureau d'infpection chargé de la furveillance & de la partie adminiftrative des écoles nationales.

5

V I I.

Le bureau d'infpection eft compofé de trois com·
miffaires nommés par le confeil d'adminiftration du
diftrict, & pris hors de fon fein.

V I I I.

Le bureau d'infpection eft renouvelé par tiers à
chaque nouvelle adminiftration.
Le commiffaire fortant peut être réélu.

Des inftituteurs.

I X.

Les inftituteurs & inftitutrices des écoles nationales
font examinés & élus par le bureau d'infpection.
Cette nomination eft confirmée librement par l'adminiftration du diftrict.

X.

Si l'adminiftration refufe de confirmer la nomination
du bureau, le bureau peut faire un autre choix.

X I.

Lorfque le bureau perfifte dans fa nomination , &
l'adminiftration dans fon refus, l'adminiftration défigne
pour la place vacante la perfonne qu'elle croit mé-
riter la préférence.
Les deux choix font envoyés à la commiffion centrale , objet du chapitre fuivant, qui prononce définitivement entre l'adminiftration & le bureau.

X I I.

Les plaintes contre les inftituteurs & inftitutrices font portées directement au bureau d'infpection du diftrict.

X I I I.

Lorfque la plainte eft en matière grave, & après que l'inftituteur a été entendu, fi le bureau juge qu'il y a lieu à deftitution, fa décifion eft portée au confeil général de l'adminiftration du diftrict, pour être confirmée.

X I V.

Si l'arrêté du confeil général n'eft pas conforme à l'avis du bureau, l'affaire eft portée à fa commiffion centrale, qui prononce définitivement entre l'adminiftration & le bureau.

X V.

Le falaire des inftituteurs & inftitutrices eft le même dans toute l'étendue de la république : il eft fixé à***. Il peut être changé tous les dix ans.

X V I.

L'inftituteur portera, dans l'exercice de fes fonctions & aux fêtes nationales, une médaille avec cette infcription : *Celui qui inftruit eft un fecond père.*

De la commiffion centrale de l'inftruction publique.

X V I I.

Il y a près du corps légiflatif, & fous fon autorité

immédiate , une commiſſion centrale d'inſtruction publique.

X V I I I.

Ses fonctions , relativement aux écoles nationales,
font d'arrêter, avec l'approbation du corps légiſlatif une méthode uniforme d'enſeignement ;

Les règlemens généraux qui fixent les devoirs des
inſtituteurs & des inſtitutrices ;

Le régime & la diſcipline communes des écoles
nationales ;

Enfin , de les adminiſtrer par l'intermédiaire des
bureaux d'inſpection.

X I X.

Ses fonctions , relativement aux bureaux d'inſpection , font :

De correſpondre avec eux ;

De les ſurveiller ;

De dénoncer les abus , & de préſenter au corps
légiſlatif les moyens d'y remédier.

Les autres fonctions de la commiſſion centrale font
déterminées dans la ſuite du préſent décret.

X X.

La commiſſion centrale de l'inſtruction publique eſt
compoſée de douze membres ;

Elle ſe renouvelle annuellement par tiers ;

Les membres ſortans peuvent être réélus.

La nomination annuelle se fait par le corps législatif, sur une liste double, présentée par la commission elle-même.

X X I.

Le salaire des membres de la commission centrale & des bureaux d'inspection est le même que celui des instituteurs.

Instruction & régime des écoles nationales.

X X I I.

L'éducation que la nation donne aux enfans de la république, est en même-temps,

Intellectuelle,

Physique,

Morale & industrielle : en un mot, elle embrasse tout l'homme.

X X I I I.

Les premières leçons de lecture & d'écriture sont données par l'institutrice aux petits enfans de l'un & de l'autre sèxe.

Après ce premier enseignement, les garçons passent entre les mains de l'instituteur.

X X I V.

Dans l'une & l'autre section de chaque école nationale, on achève de perfectionner les enfans dans la lecture & l'écriture.

On enseigne les règles de l'arithmétique, l'art de se servir des dictionnaires.

On donne les premières connoissances de géométrie, de phyſique, de géographie, de morale, & d'ordre ſocial.

X X V.

Les élèves des écoles nationales ſont inſtruits dans les exercices les plus propres à entretenir la ſanté, & à développer la force & l'agilité du corps.

X X V I.

Les garçons ſont élevés, ſur-tout aux exercices militaires, auxquels préſide un officier de la garde nationale déſigné par le bureau d'inſpection.

X X V I I.

Un officier de ſanté du diſtrict eſt chargé par le même bureau de viſiter, dans les quatre ſaiſons de l'année, toutes les écoles nationales du diſtrict.

Il examine & conſeille les exercices gymniques les plus convenables.

Il examine les enfans, & indique en général & en particulier les règles les plus propres à fortifier leur ſanté.

X X V I I I.

Les élèves des écoles nationales aſſiſtent & ont une place marquée dans les fêtes nationales du canton, & dans celles de la commune.

X X I X.

Ils viſitent pluſieurs fois l'année, avec leur inſtituteur, fous la conduite d'un magiftrat du peuple, les hôpitaux & les prifons les plus voifines.

X X X.

Les mêmes jours ils aident dans leurs travaux do-meftiques ou champêtres, les pères ou les mères de familles que leurs infirmités ou leurs maladies empê-chent de s'y livrer.

X X X I.

On les conduit quelquefois dans les manufactures & les atteliers où l'on prépare des marchandifes d'une confommation commune, afin que cette vue leur donne quelque idée des avantages de l'induftrie humaine.

X X X I I.

Une partie du temps deftiné aux écoles eft em-ployée à des ouvrages manuels de différentes efpèces utiles & communes.

Les filles fur-tout font inftruites à coudre, tricoter, &c.

X X X I I I.

Les inftituteurs font, à des jours marqués, pour tous les habitans, des lectures publiques, fur des points de morale, d'ordre focial, d'économie rurale, &c. &c.

X X X I V.

Les élèves de l'une & l'autre fection de chaque école nationale font formés féparément en fociété, modelée à-peu-près fur le plan de la grande fociété politique & républicaine.

X X X V.

L'inftituteur & l'inftitutrice tirent de ce mode d'or-ganifation, des fecours pour faciliter la diftribution de l'enfeignement, & le maintien d'une bonne police dans leur école.

X X X V I.

Des prix d'encouragement font donnés aux enfans qui fe font le mieux conduits, & ont été les plus utiles à l'école ; comme auffi à ceux qui, dans les différens cours, ont montré le plus de talent.

X X X V I I.

Les grands prix des écoles font diftribués, en pré-fence du peuple, dans la fête de la jeuneffe, l'une des grandes fêtes nationales du canton, inftituées dans le chapitre ci-deffous, *Des Fêtes nationales.*

X X X V I I I.

La commiffion centrale de l'inftruction publique, &, fous elle, les bureaux d'infpection, font chargés de pourvoir aux règlemens fupplémentaires pour le premier établiffement de l'éducation publique, & de les préfenter à l'approbation du corps légiflatif.

Des Élèves de la patrie.

X X X I X.

La nation accorde aux enfans peu fortunés qui ont montré, dans les écoles nationales, le plus de difpo-

fitions pour les fciences, lettres & arts, des fecours
particuliers qui les mettent à portée d'acquérir des con-
noiffances fupérieures & des talens, dans les écoles
particulières, auprès des profeffeurs libres.

X L.

Ces fecours font accordés fur la demande des bureaux d'infpection, & l'avis de la commiffion centrale.

Écoles particulières & libres.

X L I.

La loi ne peut porter aucune atteinte au droit qu'ont
les citoyens d'ouvrir des cours & écoles particulières
& libres, fur toutes les parties de l'inftruction, & de
les diriger comme bon leur femble.

X L I I.

La nation accorde des encouragemens & des récompenfes aux inftituteurs & profeffeurs, tant nationaux que libres, aux favans & hommes à talent, qui
ont rendu de grands fervices au progrès des lumières,
des arts, & à l'inftruction.

X L I I I.

Les bureaux d'infpection & la commiffion centrale
ont exclufivement la furveillance de police & de
protection fur les écoles particulières & libres, & fur
les penfionnats d'éducation.

Des Bibliothèques & autres établissemens d'instruction publique.

X L I V.

Il y a, près de la commission centrale, & sous sa garde, une grande bibliothèque nationale universelle, & d'autres bibliothèques complètes dans les différentes sciences, lettres & arts.

X L V.

Il y a, dans chaque district, près du bureau d'inspection, & sous sa garde, une bibliothèque nationale.

X L V I.

Toutes les bibliothèques nationales sont puoliques.

X L V I I.

La commission centrale fera un rapport sur les monumens & établissemens déja consacrés à l'enseignement public, aux sciences & arts, comme les jardins des plantes, les cabinets d'histoire naturelle, les terreins destinés à des essais de culture, les observatoires, les écoles militaires & navales, les sociétés des savans & des artistes, qu'il seroit bon de conserver dans le nouveau plan d'instruction nationale.

X L V I I I.

De nouveaux établissemens & encouragemens favorables au progrès des connoissances & des arts, &

à leur plus prompte communication , peuvent être décrétés par l'affemblée nationale , fur la demande de la commiffion centrale.

D s fêtes républicaines , particulières & communales.

XLIX.

La loi ne peut porter atteinte au droit qu'ont les citoyens & les fociétés ou affociatons libres, d'inftituer & de célébrer des fêtes particulières & républicaines.
Fêtes d'individus,
De familles,
D'amitié,
Et de fociété ou affociation libre.

L.

Toutes les communes de la république ont le droit d'inftituer & de célébrer des fêtes communales, d'en déterminer l'objet, d'en régler l'époque & les cérémonies.

L I.

Les frais des fêtes communales ne peuvent être fupportés que par des foufcriptions volontaires de la part des citoyens.

L I I.

Les fêtes particulières ne peuvent point concourir avec les fêtes communales. Les fêtes, tant particulières que communales, ne peuvent point concourir avec les fêtes nationales.
Lorfque la célébration d'une fête particulière a be-

foin de la voie publique, on eſt tenu d'en avertir la police ordinaire, & de ſe foumettre à ſa ſurveillance & à ſes règlemens pour le bon ordre public.

L I I I.

Des fêtes nationales.

Les fêtes nationales ſont inſtituées,
Dans les cantons,
Les diſtricts,
Les départemens,
Et dans les lieux où l'Aſſemblée nationale tient ſes ſéances.

L I V.

Les fêtes nationales, dans chacun de ces trois degrés, ſont de trois ſortes :
Elles ont rapport,
Aux époques de la nature ;
A celles de la ſociété humaine ;
Et à celles de la révolution françaiſe.

L V.

Dans les cantons, on célèbre :

1°. La fête de l'ouverture des travaux de la campagne ;
2°. Celle de leur clôture ;
3°. La fête de la jeuneſſe ;
4°. Celle du mariage ;
5°. Celle de la maternité ;
6°. Celle des vieillards ;
7°. La fête des droits de l'homme ;

8°. Celle de la première union politique de l'inſtitution des aſſemblées primaires, & de la ſouveraineté du peuple ;

9°. Enfin la fête particulière du canton.

L V I.

Dans les diſtricts, on célèbre les fêtes :

1°. Du retour de la verdure ;

2°. Du retour des fruits ;

3°. Des moiſſons ;

4°. Des vendanges, ou de toute autre récolte locale ;

5°. La fête de l'égalité ;

6°. De la liberté ;

7°. De la juſtice ;

8°. De la bienfaiſance ;

9°. Enfin la fête particulière du diſtrict.

L V I I.

Dans les départemens, on célèbre la fête des ſaiſons de l'année :

1°. Du printemps, *à l'équinoxe du printemps* ;

2°. De l'été, *au ſolſtice d'été* ;

3°. De l'automne, *à l'équinoxe d'automne* ;

4°. De l'hiver, *au ſolſtice d'hiver* ;

5°. La fête de la poëſie, des lettres, ſciences &

6°. La fête de la deſtruction des ordres & de la reconnoiſſance de l'unité du peuple, *au 17 juin* ;

7°. Celle de l'abolition des privilèges particuliers, *au 4 août* ;

`8°. Enfin la fête particulière du département.

L V I I I.

Dans la ville où l'Affemblée nationale tient fes féances, on célèbre au nom de la république entière, les fêtes générales.

1°. De la fraternité du genre humain, *au premier jour de l'an* ;

2°. De la révolution françaife, *au 14 juillet* ;

3°. De l'abolition de la royauté, & l'établiffement de la république, *au 10 août* ;

4°. La fête du peuple français, un & indivifible, au jour où il fera proclamé que la conftitution eft acceptée.

L I X.

La commiffion centrale, & fous elle, les bureaux d'infpection ont la direction des fêtes nationales.

L X.

Les temples & autres édifices publics qui peuvent fervir à cet objet, font momentanément à leur difpofition.

L X I.

Dans tous les cantons, il y a au moins un théâtre national, pour la libre réunion des citoyens.

L X I I.

Les hommes s'y exercent,

A la muſique;

A la danſe;

Et à d'autres parties de la gymnaſtique;

Les femmes s'y inſtruiſent,

A la danſe;

A la muſique;

Tous, pour concourir enſuite à donner aux fêtes nationales, plus de beauté & de ſolemnité.

L X I I I.

Les citoyens inſtruits s'y exercent auſſi aux repréſentations hiſtoriques, pour donner ou rappeler à leurs concitoyens, dans les fêtes nationales, la connoiſſance des époques les plus importantes de l'hiſtoire des hommes & de la révolution françaiſe.

L X I V.

Les théâtres nationaux ſeront pareillement ouverts à ceux qui, dans le même deſſein, veulent eſſayer des pièces de poëſie, d'éloquence, ou leurs talens dans les arts, & à ceux qui ſe contentent de faire au public, des lectures inſtructives.

L X V.

Aux fêtes nationales de canton, il y a *un tribunal*

de vieillards nommés par le bureau d'infpection, pour donner la palme *du canton* aux citoyens & aux communes qui fe font diftingués dans les différens concours qui ont eu lieu.

Les grands prix ne font donnés qu'une fois l'année, à la fête nationale particulière au canton.

L X V I.

Le canton qui, dans les fêtes nationales du diftrict, montre la plus belle population, & la mieux inftruite, foit dans les évolutions militaires, foit dans la mufique, &c. ; celui dont les citoyens remportent le prix d'éloquence ou de poëfie, &c. reçoit auffi la palme, dite la palme du *diftrict*, des mains des juges nommés par le bureau d'infpection.

L X V I I.

Les grands prix de diftrict ne font décernés qu'à la fête nationale particulière du diftrict, & pour un concours dont le programme a été annoncé l'année d'auparavant.

Le canton qui les remporte, a le droit d'élever dans fon arrondiffement, un monument de gloire pour conferver la mémoire de fon triomphe.

L X V I I I.

Dans les fêtes départementales, on ne diftribue que les récompenfes accordées par décret de l'Affemblée nationale, comme il eft dit dans l'article fuivant.

Les fêtes départementales font dirigées par le bureau d'infpection de diftrict, qui fiége dans chaque chef-lieu de département.

L X·I X.

La lifte des récompenfes nationales accordées annuellement par le corps légiflatif des repréfentans, eft folemnellement proclamée à la fête générale du peuple français.

Ces récompenfes font enfuite diftribuées aux citoyens qui les ont méritées, dans les fêtes des départemens où ils réfident.

L X X & dernier.

Les frais des fêtes nationales font à la charge de la nation, & réglés annuellement par le corps législatif, fur le rapport de la commiffion centrale.